S.-C. IERMALOFF

Nijni-Novgorod

LIBRAIRIE PLON · RUE GARANCIÈRE 8 · PARIS

BIBLIOTHÈQUE ILLUSTRÉE

DES

Voyages autour du Monde

PAR TERRE ET PAR MER

DIRECTEUR : C. SIMOND

Éditeurs : E. PLON, NOURRIT et Cie, 10, rue Garancière, PARIS

IL PARAIT UN VOLUME PAR SEMAINE

Chaque volume contient 34 pages de texte, en caractères neufs, enrichies de 12 à 20 gravures d'après les photographies et dessins originaux fournis par les voyageurs eux-mêmes. Des cartes et plans permettent de suivre le récit. Un *Courrier de la semaine* tient au courant de tous les événements se rattachant à la géographie et donne ainsi à chaque fascicule la valeur de l'actualité.

PRIX DE CHAQUE VOLUME EN LIBRAIRIE : **15** CENT.
PAR LA POSTE : **20** CENT.

En vente chez tous les libraires et marchands de journaux, dans les gares et chez l'Éditeur.

ABONNEMENT

AUX 52 VOLUMES D'UNE ANNÉE

France. . . . . 9 francs
Union postale. . . . . 11 —

Les abonnements partent du 1er numéro de chaque mois.

Le service des abonnés est remis à la poste le jeudi de chaque semaine.

Pour s'abonner, envoyer à **MM. E. PLON, NOURRIT et Cie, Éditeurs, 8 et 10, rue Garancière, PARIS,** le montant de l'abonnement en mandat-poste, timbres-poste français ou valeur à vue sur Paris. On peut également s'abonner chez tous les libraires.

UN VAPEUR NOVINKA SUR LE VOLGA.

LES PROGRÈS ÉCONOMIQUES DE LA RUSSIE

I

Contrairement à ce qui s'est passé pour la plupart des foires commerciales de l'Europe (1), celle de Nijni-Novgorod n'a rien perdu de son importance considérable. L'affluence est toujours énorme pendant les deux mois environ (juillet-septembre) qu'elle dure. Le marché intérieur, circonscrit par le fer à cheval du bazar monumental, quoique celui-ci puisse contenir 2,500 boutiques, ne suffit plus depuis longtemps aux installations des marchands russes, persans, arméniens, chinois, anglais, français, allemands. qui sont plus de 200,000 et font pour des centaines de millions d'affaires. Ils débordent dans la plaine où ils se répartissent dans 3,500 à 4,000 *lavkas* et *balagans* (magasins et échoppes) en allongeant chaque année le champ forain vers le faubourg de Kounavino, déjà envahi.

Ce qui détermine ce mouvement croissant, flot qui loin de tarir est sans cesse grossi par de puissants affluents, c'est le progrès économique accompli par la Russie durant les quarante dernières années de ce siècle (2). L'essor de l'industrie russe, dès 1860, qui est la date des premiers travaux du grand réseau ferré, a été vraiment prodigieux. La production indigène, qui s'est augmentée dans des proportions colossales au cours de cette pé-

(1) En France, les anciennes foires (Beaucaire, Caen, Alençon, Bordeaux, Nîmes, Toulouse, etc.) sont presque tombées en désuétude; en Allemagne, il n'y a plus guère que celles de Leipzig et de Francfort sur le Mein qui se soient maintenues, pendant que les marchés de Francfort sur l'Oder, Naumbourg, Cassel, Brunswick, Breslau, jadis célèbres, ont disparu. En Italie, les marchands ne viennent plus vendre ou acheter que par tradition à la foire de Sinigaglia; il en est de même à Zurich, en Suisse, et à Botzen dans le Tyrol. En Angleterre, la semaine de la Saint-Barthélemy, qui faisait autrefois affluer les acheteurs et vendeurs à Londres, est, pour ainsi dire, commercialement morte.

(2) Voir les travaux publiés il y a soixante ans par les économistes Köppen et Tengoborski (*Les forces productives de la Russie*), qui n'évaluent pas à plus

riode (1), a permis, dans plusieurs branches, non seulement de se passer en grande partie des importations, mais encore de faire concurrence à l'étranger dans les bazars afghans et persans (2) d'où les tissus manufacturés anglais, qui y avaient autrefois le monopole, sont graduellement expulsés. Les cotonnades russes ont en outre atteint une telle perfection sous tous les rapports, qualité, netteté et originalité du dessin, bon marché, que les Asiatiques, qui sont les gros acheteurs en Russie, les préfèrent à celles de toute autre provenance. Les cotons bruts que les fabricants d'indiennes russes tirent de l'Asie centrale, et que Moscou, centre de ce marché, reçoit par millions de pouds (3), étaient, en 1889, lorsqu'ils figurèrent à l'Exposition Universelle de Paris, encore inférieurs de beaucoup aux sortes américaines, mais ils n'occupaient déjà plus la toute dernière place où ils avaient été relégués en 1851. A partir de 1890 les planteurs asiatiques, sur qui la civilisation n'avait eu, jusqu'alors, que très peu de prise et qui restaient sans moyens pour améliorer leur matériel et sans connaissances spéciales pour utiliser toute la fertilité de leurs terres, ont mis à profit l'intervention du gouvernement lorsqu'ils ont vu le ministère des Domaines acquérir de grandes étendues de leurs régions pour les irriguer artificiellement et y inaugurer l'exploitation rationnelle. Grâce à cette impulsion donnée par l'Etat et aux résultats obtenus par les Sociétés commerciales de l'Asie centrale, la production cotonnière en Russie a dépassé, en cette dernière activité décennale, toutes les espérances (4). Aujourd'hui elle est telle que les articles de coton russes peuvent rivaliser avec les meilleures marchandises anglaises ; en même temps, les manufactures russes le disputent en excellence à celles de Mulhouse et de Rouen.

L'industrie de la soie en Russie a suivi la même marche ascendante. L'Asie centrale fournit aux fabricants russes, à côté du coton, la soie

de 130,000 âmes la population industrielle dans toute la Russie d'Europe, tandis qu'actuellement elle s'élève à plusieurs millions. Les statistiques officielles de 1896 comptent en Russie 38.401 usines employant 1.742.001 ouvriers (dans ce calcul ne sont compris que les établissements qui ont au moins 16 ouvriers et qui se servent de la force motrice). A consulter l'étude toute récente publiée par le ministère du commerce à Saint-Pétersbourg.

(1) Le document officiel cité plus haut évalue le produit total de l'industrie russe en 1896 à 2.745.345.000 roubles. Il convient de remarquer, en outre, que les grandes entreprises industrielles se multiplient d'autant plus rapidement en Russie qu'elles y donnent des bénéfices presque inouïs. C'est ainsi que les Distilleries Popoff ont distribué 40, 60, 80 et même 100 pour 100 de dividendes. Les dividendes de 20 pour 100 ne sont pas rares en Russie. L'industrie cotonnière y est habituée, témoin les inventaires des sociétés Baranoff, Savra, Morozoff et autres. Beaucoup d'établissements métallurgiques russes rapportent 40 et jusqu'à 80 pour 100 à leurs actionnaires qui rentrent ainsi, en deux ou trois ans, dans leur capital engagé et en réalité le doublent. Cette expansion industrielle s'accroîtra encore lorsque la Russie se sera assuré un plus grand nombre de marchés en Chine.

(2) Déjà en 1889 l'Afghanistan importait pour 3.173.228 roubles de marchandises russes. Le chemin de fer transcaspien a ouvert au commerce russe les débouchés de la Perse orientale.

(3) Le poud vaut 16.381 grammes (A. de Malarce. *Monnaies métalliques et fiduciaires, poids et mesures des divers Etats du Monde*, Paris, Guillaumin).

(4) La production de l'industrie cotonnière en Russie était de 259.000.000 de roubles en 1885 ; elle s'élevait à 338.700.000 roubles en 1890 ; elle s'évaluait à 531.300.000 de roubles en 1896. En même temps l'importation des articles de coton étrangers a baissé énormément ; elle était de 16.3 pour cent en 1860 ; elle ne représente plus que 1.4 pour cent en 1892.

grège. Ce dernier commerce s'élevait déjà il y a plus de dix ans à près de 12 millions de roubles et n'a fait qu'augmenter. Pendant que les importations des soieries étrangères, qui représentaient en 1867 jusqu'à 53.5 pour cent de la consommation totale de cet article en Russie, se réduisaient en 1892 à 17.7 pour cent, les fabricants russes, dont les draps de soie, d'or et d'argent étaient déjà vantés au XVIIe siècle, acquéraient dans le monde entier une renommée sans égale (1).

Les industries russes de la laine, de la toile, du cuir, ont pris aussi un développement remarquable (2). L'industrie des machines a suivi le même mouvement (3). Quant à l'industrie minière en Russie, si la production des divers métaux, or, argent, plomb, cuivre, zinc, mercure, fer, est loin d'avoir donné ce que l'on peut en attendre, c'est que les usines métallurgiques russes n'ont jusqu'ici à leur disposition que des ressources limitées de combustible (4).

La conquête du Caucase a valu à la Russie l'acquisition de Bakou, la terre du feu éternel. Ces gîtes de pétrole, que Mendeléef considère comme inépuisables, constituent un merveilleux facteur des progrès de l'industrie et du commerce russes (5). Mais ce qui procure à ce dernier son élan le plus fécond, c'est avant tout l'accroissement des rendements agricoles. L'amélioration des procédés de culture, l'adoption des instruments et machines perfectionnées, ont assuré aux affaires en céréales russes,

(1) « Le trait distinctif de l'industrie russe des soieries consiste en ce qu'elle se pratique en grande partie par le travail à la main et qu'elle se développe surtout parmi les petits patrons, artisans et paysans du gouvernement de Moscou et de Vladimir qui travaillent sur commande pour les gros fabricants. On se souvient de l'Exposition de Sapojnikof en 1889. C'était un entassement de merveilles et de splendeurs en brocarts d'or, d'argent, en brocatelles, en velours, en damas, en soieries ; il y avait notamment une tenture tissée en ors de différentes couleurs. MM. Sapojnikoff ont été les premiers à créer et à développer l'industrie de la soie en Russie. A côté d'eux se distinguent des fabricants qui portent des noms français : Giraud, Goujon et Noury. » A. RAFFALOVITCH. *La Russie, industrie et commerce*. (Librairie Larousse, 1893).

(2) On en a la preuve dans la diminution des importations : ainsi, les entrées de fils de laine qui étaient en 1860 de 89.5 pour 100 de la consommation totale, descendent à 42.7 pour 100 en 1892 ; les tissus de laine tombent, comme importation, de 11 pour 100 en 1860 à 4.3 pour 100 en 1892 ; les fils de lin de 7.6 pour 100 (1860) à 0.08 pour 100 (1892); les toiles de 46.3 pour 100 (1867) à 6.7 (1892). La production russe se relève parallèlement. Elle était évaluée pour les filatures de laine à 2.605.000 roubles en 1867, à 19.989.000 en 1888 ; celle des tissages à 12.567.000 roubles en 1867, à 37.179.000 en 1888.

(3) La Russie a construit pour 14.041.000 roubles de machines en 1867, pour 56.400.000 roubles en 1880 et pour 136.400.000 roubles en 1896. Les importations de machines, évaluées à 52.2 pour 100 en 1867, ne représentent plus que 30.8 pour 100 en 1892.

(4) La production de la houille était de 112.300.000 pouds pour la période de 1871 à 1880, de 465.900.000 pouds de 1891 à 1895 et de 565.000.000 pouds en 1896. La consommation de la fonte s'estime en 1883 pour la Russie à 43.800 pouds dont la Russie fournit 66.9 pour 100 ; en 1893 elle était de 79.900.000 pouds dont la Russie fournit 88.3 pour 100.

(5) En 1870 la production de naphte au Caucase s'élevait à 1.704 pouds. De 1871 à 1880 elle fut annuellement en moyenne de 10.891 pouds ; puis de 1881 à 1890 la moyenne s'évalue à 101.160 pouds ; en 1891-95 elle monte à 337.745 pouds ; en 1896 à 423.943 pouds. En 1897 elle est de 442.500 pouds à Bakou seul, qui fournit du reste 90 pour 100 de l'extraction totale. D'après ces calculs, en 27 ans, le rendement du pétrole s'est augmenté trois cents fois ; par suite, le prix a baisssé de 45 kopecks (100 kopecks valant 1 rouble) à 7.7 kopecks. Un seul puits d'extraction à Balakhany produit 160.000 kilogrammes par heure. En 1889 il existait 147 distilleries de naphte, et la Compagnie Nobel avait déjà

dans les bonnes années, une hausse bien supérieure aux chiffres de 1880 et des époques antérieures. On peut affirmer que l'agriculture russe n'a pas de concurrents pour le seigle, et si le nord de l'Empire ainsi qu'une partie de la zone centrale sont peu favorables au froment, il y a compensation à cet égard dans les immenses défrichements successifs du sud-est. M. Raffalovitch démontre que dans l'ensemble des exportations de céréales, provenant de pays pouvant vendre ce qu'ils ont d'excédents en blés, une fois leur consommation intérieure satisfaite, c'est la Russie qui vient en tête, dépassant déjà de 2 à 3 pour 100 les Etats-Unis (1).

Aussi le commerce extérieur russe est-il entré dans une ère des plus prospères. D'autre part le commerce intérieur bénéficie des nouvelles voies de communications, routes, chemins de fer, canaux, ouvertes sur toute l'étendue de l'empire, ainsi que des grandes artères qui le traversent ou achèveront bientôt de le traverser en Europe et en Asie (2).

II

Il est historiquement et comparativement intéressant, après ce tableau de la révolution économique opérée en Russie pendant cette dernière moitié du siècle, de jeter un regard rétrospectif sur ce qu'était sa situation en 1850. Un économiste d'alors, doublé d'un géographe statisticien, Dussieux, écrivait à cette date ces lignes bien explicites : « L'industrie russe est stationnaire ; ses produits, aussi chers que détestables, sont repoussés par le consommateur qui n'achète que des objets fournis par la contrebande, malgré leur haut prix, et la contrebande est exercée sur une telle échelle que peu de marchands s'enrichissent. Une autre cause de l'état fâcheux de l'industrie russe est le manque d'ouvriers capables et intelligents : quelques ouvriers libres, mais surtout des serfs abrutis et ivrognes, pouvant imiter sans pouvoir créer ni perfectionner, tels sont les seuls agents de la production industrielle... La Russie n'a d'ailleurs que très peu de routes. Les seules chaussées qui existent sont celles de Saint-Pétersbourg à Nijni Novgorod par Moscou, de Saint-Pétersbourg à Kalish par Riga, Kowno et Varsovie, de Moscou à Iaroslav, à Riazan, à Toula, à Smolensk, enfin la chaussée de l'Oural. Les routes ordinaires ou routes de poste, quoique larges, bien alignées, bordées d'arbres et de fossés, sont affreuses, et tout est à faire pour transformer ces mauvais chemins en routes pavées. Quant à l'agriculture, elle est dans un état déplorable (3). »

Ce manque de vitalité économique provenait de deux causes principales : le système prohibitif et le servage. La répercussion de l'un et

84 puits en activité. En 1893 l'exportation russe du naphte et ses dérivés est, suivant l'*Annuaire de l'Economie politique et de la statistique* de M. Maurice Block (1898) de 28.678.000 roubles.

(1) L'annuaire cité plus haut donne comme chiffres d'exportation des céréales : pour les Etats-Unis 141.400.000 dollars (707.000.000 francs) et comme moyenne annuelle d'exportation des blés russes 305.166,000 roubles, soit — en évaluant le rouble au bas cours de 3.50 — un chiffre de près d'un milliard de francs.

(2) Il y avait en exploitation au 1er janvier 1877, en Russie, 19.569 verstes (208,793 kil.) de chemins de fer, y compris ceux de Finlande, et 1.004 au Caucase. A la même date, il y avait en construction 2001.6 verstes (2 195.7 kil). Au 1er novembre 1898 tout le réseau ferré russe ouvert au trafic s'élevait à 42.669 verstes auxquels il faut ajouter 3.087 verstes en construction et 3.600 projetés par le ministère des voies et communications.

(3) Voir l'article « Russie » dans l'*Encyclopédie moderne* de Firmin-Didot.

l'autre sur les finances russes était directe et funeste. Le régime d'autocratie absolue imposé par les tsars à la nation, au siècle dernier et dans les commencements du nôtre, pesa autant sur le budget que sur le peuple. On a dit, avec raison, qu'il n'y a que les pays libres qui puissent supporter de forts budgets. C'est qu'on ne saurait nier les liens étroits existant entre l'élasticité de fonctionnement de tout mécanisme gouvernemental et la prospérité de la population d'un Etat, car cette prospérité même résulte surtout du degré de liberté et de culture intellectuelle dont jouissent les diverses classes sociales. A l'avènement de Catherine II, le bud-

LE COUVENT DE PETCHERSKY.

get russe était d'environ 30 millions de roubles. La grande tsarine le doubla. L'excédent considérable des dépenses sur les recettes continua avec une augmentation d'écart sous Paul I et Alexandre I. Dans les dernières années du XVIIIe siècle et dans les premières années du XIXe, les guerres, dont quelques-unes lointaines et par suite des plus onéreuses, aggravèrent encore le poids de cette dette publique. La crise, déjà si aiguë, s'accentua davantage quand on eut recours aux roubles papier, véritables assignats. Émis au pair, comme valeur représentative en roubles argent, ils tombèrent de plus en plus bas. Sous Alexandre I, on chercha un remède au krach dans ce moyen toujours dangereux qu'on nomme un virement. Non content de jeter dans la circulation une quantité effrayante de monnaie fiduciaire, on puisa à pleines mains dans les caisses hypothécaires, ainsi que dans les caisses de crédits et de secours dont les déposants se croyaient garantis par l'Etat.

L'auteur de ce système fut le comte Cancrin, l'homme qui fit le plus de mal à la Russie. Allemand de naissance et destiné à l'administration politique dans le grand-duché de Hesse, il prit la direction des finances sous Alexandre I, en 1823, et la garda, en dépit du tsar Nicolas, pendant vingt et un ans. Partisan, dans sa jeunesse, des idées démocratiques affirmées par la Révolution française et des principes égalitaires, il changea d'opinion et devint le plus tenace des réactionnaires et des absolutistes, une fois qu'il fut au pouvoir. Pendant qu'en Allemagne on le croyait dévoué au progrès, en Russie il agissait dans un sens entièrement opposé. Se réservant pour l'avenir, il s'assurait ainsi des sympathies dans les deux camps, rétrogrades et avancés. Cependant ses débuts dans l'administration russe avaient failli causer sa perte. Accusé de connivence dans une affaire louche de fournitures de l'armée, il fut sous le coup de poursuites qui, sans aboutir à une condamnation, compromirent sa réputation. Son plan financier lui rendit la faveur impériale. L'idée qu'il soumettait était bien de nature à plaire à un souverain autocrate. Il s'agissait d'étendre encore la toute puissance du tsar, déjà maître des âmes et des corps, chef de l'Etat et de l'Eglise, en lui donnant tout droit sur les biens de son peuple et en mettant dans ses mains, sans contrôle, toute la richesse matérielle du pays, l'argent, la terre, la propriété bâtie, les intérêts commerciaux et industriels, toutes les ressources mobilières et immobilières. Le projet, si hardi qu'il nous paraisse aujourd'hui, pouvait s'exécuter sans obstacle par un gouvernement qui ne s'était point accoutumé à rendre compte de sa gestion des fonds confiés aux banques, aux établissements de crédit administrés par l'Etat. Les drainer au profit du Trésor était chose facile; mais le comte Cancrin fit plus : il voulut et sut attirer dans les caisses impériales tous les autres capitaux russes, quels qu'en fussent les possesseurs. Pour réaliser ce dessein, il employa trois moyens : 1° il abrogea, en apparence et pour gagner la confiance publique par ce leurre, la loi qui, jusqu'alors, rendait le fisc irresponsable à l'égard des déposants ayant des fonds dans les caisses hypothécaires créées par Catherine II ; 2° il n'édicta aucune loi de protection contre l'usure, mais interdit à l'hypothèque privée de prendre plus d'une inscription, quelque minime que fût celle-ci ; 3° il imagina le mirage d'une industrie russe se développant sous l'égide impériale et, pour faire croire aux puissants avantages de cette combinaison, il substitua au régime protecteur des douanes un régime prohibitif. Ces trois parties du programme constituaient un ensemble devant, dans la pensée du comte Cancrin, faire tout émaner de l'arbitraire impérial. Le tsar dispose désormais de toutes les forces de la nation. Il incline à son gré les intelligences, ne permettant à personne d'avoir d'autres pensées que celles qu'il tolère. Il donne son empreinte aux consciences et aux croyances, ne souffrant point d'autre religion que celle dont il est le pape, sans conciles. Enfin il est le cœur de la fortune publique et privée ; c'est lui qui envoie jusqu'aux extrémités de son empire, par les artères dépendant exclusivement de lui, l'argent, ce sang de la vie économique, qui lui est rapporté par l'épargne ou le travail, ces veines fécondes de la nation. Et l'argent est à la fois confiant et docile ; confiant, parce qu'on lui promet un intérêt garanti lorsqu'il est versé dans la caisse impériale et parce qu'on le prête à un taux plus élevé lorsqu'il est demandé par l'emprunt ; docile, parce qu'il peut être exproprié, saisi en vertu de la loi, s'il cherche un autre débouché que le Trésor. D'ailleurs les capitalistes ne s'aviseront pas d'aller à l'encontre de la volonté impériale, qui peut aussi bien fermer qu'ouvrir les sources du crédit. Aussi les fonds sont-ils, en peu d'années, canalisés par l'Etat. En 1840, les dépôts dans les Banques de l'Empire s'élevaient à 166 millions de roubles argent.

Mais quel usage le comte Cancrin, gardien du Trésor, fait-il de ces sommes confiées à sa probité? Les comptes de l'époque nous l'apprennent : 122 millions de roubles passent aux différentes branches de l'administration gouvernementale, et la propriété foncière, le commerce, l'industrie, n'en ont à leur disposition que 44 millions ; en d'autres termes, l'Etat prend d'abord les trois quarts, part du lion, pour laisser un maigre quart à la propriété privée, quoique, suivant la lettre des statuts, les déposants aient droit à tout et l'Etat à rien. Mais que pouvait la protestation des intérêts lésés contre le tsar et son ministre?

L'industrie et le commerce russe ne tardèrent pas à s'apercevoir que l'Etat n'avait en vue que de les absorber à son profit exclusif. Au vrai, le comte Cancrin n'avait qu'un but : paralyser l'initiative et l'activité privées, pour ne plus laisser subsister qu'un seul moteur de tout l'organisme russe : le Tsar. Contrairement à l'axiome de Frédéric List : « Il n'y a de peuples riches que les peuples libres », il résume toute sa doctrine économique dans cette déclaration : « Améliorer le sort du peuple? Impossible. Quand on engraisse son chien, on le rend enragé. » Aussi lorsque le prince Lubetzkoï sollicite du tsar le privilège de créer une banque foncière, le ministre repousse-t-il sa demande : « Les propriétaires fonciers, le commerce, le trésor même y trouveraient sans doute des avantages, mais Votre Majesté n'aurait plus, dans dix ans, de gouvernement possible ; ce serait le bouleversement de toutes les institutions sur lesquelles doit reposer l'Empire. »

Le développement économique était donc, pour les doctrinaires de l'absolutisme russe, un aliment fourni aux révolutions qui renversent les autocraties. Le comte Cancrin, loin de vouloir l'essor de l'industrie, ne songeait qu'à l'arrêter dans sa première éclosion. Pour cela, il lui enlevait les capitaux. En les détournant de leur cours rationnel pour les faire écouler dans les caisses de l'Etat, il séparait l'intelligence et le travail du nerf de leur force. Il s'opposait du reste systématiquement à l'entreprise sérieuse de tous travaux de routes et de canaux, pour lesquels le budget ne réservait qu'une somme dérisoire. Malgré le tsar Nicolas Ier, qui, pour suivre ses propres tendances, contraires sur bien des points à celles de son ministre, créa le ministère spécial des voies et communications, ce fut l'influence du ministre des finances qui prévalut et elle s'exerça même sur celui qui le remplaça, en 1844, si bien qu'en 1850 aucun des projets de routes, voulus par l'empereur, n'était encore à l'étude. Nicolas Ier rencontra la même résistance au sujet des chemins de fer. Le comte Cancrin, d'accord à cet égard avec M. Thiers, n'en voulait point. Quand le tsar lui donna l'ordre formel de les établir, il fit semblant d'obéir et commença la ligne de Moscou-Pétersbourg, mais avec des lenteurs si obstinément calculées, qu'en 1844, lorsqu'il démissionna, il n'y avait en exploitation que le parcours de la capitale aux résidences impériales Tsarskoe-Sélo et Pawlovsk.

L'industrie d'Etat qui devait, selon le comte Cancrin, annihiler l'industrie privée, répondit-elle aux espérances et aux promesses du ministre? On aurait pu le croire à n'en juger que sur les apparences extérieures. En effet, il y avait, en 1840, plus de 600 fabriques, employant plus d'un demi-million d'ouvriers qui dépendaient directement et exclusivement de l'administration impériale ; les quelques industries privées qui vivaient encore étaient celles jouissant de monopoles de fournitures de l'armée et de la marine, mais dont l'existence précaire pouvait prendre fin du jour au lendemain, sur un simple ukase. Cependant la réalité était bien différente de l'apparence. L'industrie d'État coûtait beaucoup

MONUMENT DE POJARSKY ET MININE.

plus qu'elle ne rapportait. Ses produits étaient des plantes de serre chaude. En outre elle créait un danger en attirant dans les villes les populations rurales. Le comte Cancrin s'aperçut que son système, tendant à rendre les révolutions populaires impossibles, en semait les germes. Il prit alors le parti de revirer de bord en renvoyant violemment, et presque *manu militari*, à l'agriculture, les ouvriers qu'il lui avait enlevés et qui, maintenant, acclimatés dans les villes et habitués aux travaux et aux salaires industriels, se refusaient à labourer les champs. En sorte que la conséquence la plus tangible de sa théorie de l'industrie d'État fut la formation d'une classe de prolétaires parmi lesquels le nihilisme trouva plus tard des recrues.

Nicolas Ier, appuyé par les grands propriétaires fonciers de l'Empire, n'aurait pas été éloigné de donner au système du comte Cancrin, dont il voulait maintenir les bases toutes favorables à l'absolutisme, une modification, en appliquant les théories de l'industrie d'Etat aussi exclusivement que possible à l'industrie agricole, la terre russe, seule, pouvant, croyait-on alors, grâce à son abondante fertilité, suffire à la richesse des tsars. Mais la production de la terre implique les moyens de la mettre en culture, et le premier de ces moyens, le plus efficace, était la réforme des conditions agraires. Or, cette réforme ne pouvait s'opérer sans l'abolition du servage, et pour le tsar comme pour tous ses conseillers, tenter cette

LA TOUR DMITROVSKAIA.

mesure c'était aller au devant d'un 89 russe, sinon d'un 93. Sous Nicolas Ier, personne n'aurait osé toucher à cette question. On se borna simplement à attirer dans les caisses de l'Etat les capitaux provenant des récoltes. Quand celles-ci étaient bonnes, il y avait affluence d'argent disponible pour le Trésor; quand elles étaient mauvaises, le budget était déçu dans ses prévisions. De là ces fluctuations, énigmatiques pour tous les économistes qui observèrent, mais de loin, le mécanisme des finances russes sous Cancrin, et après lui, jusqu'à la guerre de Crimée. Un écrivain de l'époque en caractérise exactement le fonctionnement en comparant l'administration puissante de la Russie d'alors à la censure exercée sur les livres et écrits venant de l'étranger : on y laisse lire par le public ce qui ne déplaît pas au gouvernement, le reste est passé au caviar, mais pour l'économiste, le caviar qui obscurcit les manœuvres financières est plus transparent que celui qu'on emploie pour effacer les imprimés suspects. Ce qui en subsiste permet de se faire une opinion sur l'ensemble ; les données sont d'ailleurs concluantes : le rouble-papier, émis en 1815, à 3.43 c. était tombé en 1839 à 83 centimes, et lorsque l'Etat, sous prétexte de retirer ces assignats, procéda en 1840 à la liquidation de cette situation fiduciaire, il décida que le rouble-papier serait accepté contre une valeur représentative nouvelle, mais toujours fiduciaire, sur le pied de 3 roubles et demi papier pour 1 rouble argent, ce qui constituait, en réalité, une banqueroute dans laquelle le failli ne payait que 28 pour cent de sa dette.

III

Le servage russe, maintenant aboli, et dont quelques historiens ont cru voir les origines dans les institutions tartares, remontait au XVIe siècle, et fut organisé quand Boris Godounov, l'usurpateur du tsarat, abrogea la liberté d'établissement des paysans. Pierre-le-Grand fit un pas de plus dans cette voie lorsque, sous prétexte d'une péréquation des impôts, il fit inscrire dans les mêmes conditions sur les listes des taillables les serfs ruraux et les serfs domestiques, réduisant les uns et les autres à un véritable esclavage. Les tsars qui régnèrent ensuite jusqu'à Alexandre II ne changèrent rien à ce régime. Sans doute, ils avaient la conviction que l'émancipation des serfs aurait lieu un jour, mais ils laissaient tour à tour à leurs successeurs le soin de résoudre ce problème ou de trancher ce nœud gordien. Ils reconnaissaient que le servage était une plaie qui compromettait fatalement la santé du corps économique, et que tant que cette plaie n'aurait pas disparu, tout progrès était impossible pour la Russie ; mais ils n'y remédiaient que par des mesures stériles. C'est ainsi qu'Alexandre Ier en abolissant nominalement le servage dans les provinces de la Baltique, ne fit qu'empirer le sort des serfs. Tourgueneff, dans ses *Récits d'un Chasseur*, en donne la navrante raison : « Le propriétaire qui voulait accorder la liberté à ses paysans devait adresser une requête à cet effet au maréchal de la noblesse préposé à la région ; les paysans étaient ensuite invités à venir eux-mêmes formuler leurs vœux. Le rapport était adressé au gouverneur de la province qui le transmettait au ministre de l'Intérieur, et celui-ci saisissait le Sénat de la demande. L'avis du Sénat était soumis à l'empereur. Or, si l'on songe aux lenteurs qui s'attachent en Russie à ce genre de procédures, au cours desquelles les bonnes intentions du demandeur sont toujours suspectées, peu prises en considération, et régulièrement annulées avec hostilité par la noblesse, on comprend que les formalités dussent traîner en longueur. On n'en voyait la fin qu'au bout de plusieurs années. D'ailleurs l'examen attentif de la législation relative à l'émancipation des paysans fait soupçonner que ceux qui ont élaboré la loi ont voulu, d'avance, en rendre les dispositions caduques, pour faire avorter les desseins généreux auxquelles elles étaient dues. »

Les « serfs de la noblesse » formaient la classe la plus nombreuse des paysans russes; ils représentaient une population de 12.000.000, et ils offraient cette particularité qu'ils expiaient en quelque sorte la pureté de leur sang national, car ils étaient tous de vrais Russes, tandis que beaucoup de leurs seigneurs tiraient leur origine de l'étranger. « Il n'y a que les Russes qui puissent être serfs! s'écriait Tourgueneff avec amertume et ironie; aucun autre Européen, aucun Asiatique n'aurait ce droit. Nous avons en Russie des nobles de sang anglais, français, allemand, italien, espagnol, portugais, même, tatar, arménien, hindou, juif; ils peuvent posséder des serfs; ils ne pourraient être serfs eux-mêmes; les Russes, seuls, jouissent de ce privilège. » Ces serfs de la noblesse s'achètent et se vendent avec la terre. Tel seigneur possède jusqu'à 200.000 âmes (1), et la loi ne lui interdisait pas d'en faire le commerce.

IV

Le servage n'était pas une conséquence de la constitution sociale du peuple russe. Phénomène moderne, dû à la politique, il avait grandi en opposition avec le caractère et l'esprit de la nation. Boris Godounof et Pierre-le-Grand, en le créant et en le développant, avaient voulu surtout fixer les populations nomades, empêcher les émigrations, les arrêter devant une barrière infranchissable. Mais les propriétaires des serfs s'étaient attribués peu à peu un droit abusif sur les « âmes » confiées à leur garde. Ils les avaient asservies en les écrasant. Ils s'étaient arrogé une autorité sans limites, que le temps avait consacrée, et, de protecteurs qu'ils auraient dû être, on les avait vus d'époque en époque se transformer en tyrans. Les serfs eux-mêmes avaient, sous le poids du joug, accepté cette tyrannie. Par centaines de mille, interrogés sur leurs griefs et leurs aspirations, ils avaient répudié spontanément les projets d'affranchissement sur lesquels on les consultait de temps à autre par ordre impérial. C'est qu'ils redoutaient le lendemain. Leurs seigneurs étaient devenus pour eux des tuteurs; à quoi servirait cette émancipation dont on ne pourrait user sans tomber dans l'inéluctable misère? De leur côté les nobles annonçaient que l'abolition du servage ne pourrait ouvrir que l'ère du prolétariat, en faisant naître les plus redoutables des dangers sociaux.

Le manifeste impérial du 19 février 1861 réduisit à néant toute cette argumentation et ces craintes. L'ancien ordre, résumé dans ces deux mots : seigneurs et serfs, tomba pour ne plus se relever. Un nouvel édifice social venait s'ériger en Russie, au moment même où elle allait accomplir le millénaire de son existence politique (2). Pendant les cent quatre-vingts ans qui s'étaient écoulés depuis l'avènement de Pierre Ier et l'intronisation de la civilisation européenne dans l'empire des tsars, les puissants courants d'idées qui traversèrent le XVIIIe siècle et la première moitié du XIXe n'avaient pas atteint les hautes régions sociales russes. Souverains et ministres s'étaient effrayés des audaces croissantes des novateurs français, anglais, allemands. Comme le prédisait Cancrin, ils avaient, dans leur frayeur des réformes, vu se dresser au-dessus de ces courants de l'Occident les spectres montrant du geste fatidique les abîmes. Il fallut, pour vaincre ces terreurs, la guerre de Crimée, la mort

(1) Les « âmes » c'étaient les paysans russes que le fisc imposait vivants ou morts, d'après des recensements très anciens. Voir le roman célèbre de Gogol : Les *Ames mortes*.

(2) On sait que la fondation de la monarchie varègue-russe date de 862.

de Nicolas Ier, l'avènement d'Alexandre II, la nécessité de rompre avec la politique du passé qui menaçait le pays d'une ruine complète. Le tsar eut la sagesse de prévenir la catastrophe et l'habileté de la conjurer par un acte de fermeté, pendant qu'il en était temps encore. De 1857 à 1860 des mouvements de révolte, véritables jacqueries, s'étaient succédé sur les bords du Don et du Volga. Le sang avait coulé; des châteaux incendiés sur plusieurs points du pays, éclairaient de leurs flammes sinistres le gouffre qui s'ouvrait. Le gouvernement n'avait qu'un moyen de dominer la situation : c'était de prendre la tête des manifestations, pour en recueillir les profits. Alexandre II décréta l'abolition du servage et contraignit la noblesse à s'associer à cette émancipation. Le tsar ne se dissimulait pas que ce consentement à sa grande réforme n'était, de la part des nobles, qu'une résignation insincère. Il put s'en convaincre, lorsqu'il vit comment ses vues exprimées dans le rescrit au grand-duc Constantin étaient dénaturées par le projet de loi qu'élabora le comité des réformes, conjointement avec les délégués de la classe des seigneurs. L'ukase du 19 février avait annoncé la liberté des serfs et la répartition des terres entre les mirs, moyennant des indemnités payées par eux aux propriétaires, en redevances annuelles. Dans le projet de mai, au contraire, il n'était plus question ni de libertés, ni de terres. Le peuple russe se trouvait par conséquent frustré dans son espoir fondé sur les assurances impériales. La corvée, la capitation restaient les mêmes et, pour arriver à la possession de l'*isba* (chaumière) et du coin de champ, on devait les acheter au seigneur qui pouvait s'y refuser. Ce n'était pas tout : la noblesse de plusieurs provinces épiait l'occasion de renverser le tsar réformateur. Au mois de janvier, celle de Moscou, dans une de ses assemblées, proposa de prendre en considération s'il n'y avait point urgence de prier l'empereur d'abdiquer en faveur de son fils, et cette motion ne fut rejetée que par une majorité des plus faibles : 183 voix contre 165.

Le changement de politique avait amené la retraite du comte Kleinmichel qui avait eu une autorité sans bornes sous le régime précédent. A la vérité le tsar ne rencontra point de résistances obstinées à ses innovations ; il n'eut pas à se heurter aux obstacles qu'elles auraient certainement dû surmonter dans tout autre pays. C'est qu'il n'y avait, à ce moment, en Russie, que des opinions de groupes ou de sectes, mais point de grandes cohésions de partis. Les deux grands courants, slave et allemand, que l'on regardait à l'étranger comme profondément hostiles, ne constituaient pas ce que l'on considère, dans l'Europe occidentale, comme des antagonismes irréconciliables. Quelles que fussent les divergences d'aspirations et d'efforts, les chefs n'avaient, ni d'un côté ni de l'autre, une masse compacte d'adhérents. Aussi la formation d'un nouveau cabinet où prédominait l'élément russe s'était-elle effectuée paisiblement, car les émeutes des étudiants à Saint-Pétersbourg, à Moscou, à Kazan, les actes de sauvagerie commis jusque dans la capitale par les incendiaires qui affichaient leurs proclamations dans les rues et sur les murs mêmes de l'Hôtel de la Police et du Jardin d'hiver, avaient d'autres causes et ne pouvaient être interprétés comme des protestations contre les idées de progrès et de réforme.

Ce qui inquiétait les esprits et les irritait, c'était la situation ruineuse des finances de l'empire, la honteuse immixtion, dans la gestion du Trésor, d'une légion de fonctionnaires formant le *tchin* (bureaucratie et administration publiques), accaparant l'escompte, le refusant au nom de la Banque de l'État, le faisant à leur profit avec une usure sans vergogne, et jetant la perturbation dans le crédit, en poussant le gouvernement à l'augmentation des impôts, déjà extrêmement lourds.

Le tsar sut traverser la crise avec courage. « Le grain est semé, disait, en 1866, un publiciste ; mais il n'a pas germé encore, et il faut attendre avec patience le temps de la moisson. » Le gouvernement russe travailla énergiquement à la transformation administrative, législative et gouvernementale de l'empire. Sa persévérance fut d'autant plus ardente que dans chacun de ces domaines tout était à faire. « La Russie, ajoutait le même écrivain, n'est pas assez avancée en civilisation pour qu'il lui soit possible de mettre dès maintenant en rapport toutes les sources de sa prospérité : l'industrie est peu développée, l'argent manque, l'émancipation des serfs est trop récente pour porter encore les fruits que le pays ne manquera pas d'en retirer ; d'ailleurs l'administration a des vices bien connus qui diminuent, dans de grandes proportions, les ressources de l'État. »

V

L'histoire dira la part considérable et décisive qui revient à Alexandre II et à son successeur Alexandre III dans le relèvement budgétaire de la Russie ; comment, grâce à leur initiative et à leur action personnelle, le pays sortit de difficultés que l'on jugeait inextricables, et comment il entra dans une ère d'amélioration économique, à l'heure même où les détracteurs des réformes prophétisaient la fin de l'empire. Dès 1876 la Russie était parvenue à posséder des finances prospères. Le budget se soldait en excédent de recettes. La guerre turco-russe vint alors traverser l'œuvre si péniblement réalisée et l'aurait détruite, si les tsars n'avaient eu successivement dans M. de Reudern, M. de Bunge, M. de Wichnegradsky, M. Witte, des ministres zélés, dévoués, capables, qui tinrent tête aux embarras financiers, aggravés encore par les mauvaises récoltes de 1883 à 1886, par la famine qui sévit dans l'hiver de 1891-1892, par le choléra qui fit, l'été suivant, de nombreuses victimes (1). « Lorsqu'on examine de près l'exposé de la situation budgétaire de la Russie, écrivait M. Raffalovitch en 1893, il s'en dégage une impression favorable qui ne peut qu'augmenter. » Ces prévisions se sont réalisées.

Rien ne prouve au reste mieux le changement économique de la Russie, depuis quinze ans surtout, que la confiance avec laquelle les capitaux étrangers favorisent aujourd'hui les entreprises russes. La conversion du rouble papier en rouble argent et l'introduction de la monnaie d'or y

(1) En 1883 le déficit fut de 23 millions, en 1884 de 21 millions, en 1885 de 42 millions, en 1886 de 51 millions. Le relèvement commence en 1888, exercice qui laisse un excédent de 60 millions, situation d'autant plus significative que le tsar avait aboli définitivement la capitation et dégrevé ainsi les populations rurales en diminuant les recettes budgétaires par ce remaniement fiscal, puisque le dégrèvement fut de 47 millions sur le montant payé par les paysans avant 1883. Le budget de 1889 offrit un excédent de 56 millions. Celui de 1890 fut aussi favorable. Voir sur la situation financière tout actuelle de l'empire russe et ses brillantes perspectives, grâce à l'immense développement de l'industrie, le travail tout récent de M. Raffalovitch « La Banque en Russie dans le *Journal of the Institute of Bankers* (avril 1899).

ont contribué, sans aucun doute, en faisant disparaître les hésitations légitimes créées par la circulation fiduciaire; mais les réalisations de gros dividendes, secondées par l'élévation des tarifs douaniers, ont donné une puissante impulsion à l'immigration des fonds anglais, allemands et français. Cette immigration reçoit d'ailleurs le plus chaleureux accueil du gouvernement russe, malgré l'opposition de ceux qui y voient le danger de l'immixtion de l'étranger dans la propriété russe, et réclament des mesures prohibitives à cet égard (1). Quoi qu'il en soit, la Russie n'obtiendrait point ce concours, si ses progrès économiques pouvaient être contestés. Or, ils ont leur origine première dans la substitution de la richesse industrielle à la richesse agricole. Il y a cinquante ans on se persuadait encore, dans les conseils des tsars, que leur empire avait dans la terre russe, dont la conquête agrandissait d'époque en époque la superficie, un réservoir intarissable de ressources; que, par conséquent, la Russie n'avait pas besoin de suivre l'exemple des autres pays, qui avaient amélioré leur puissance productive par l'extension des communications et la création des réseaux ferrés. Les vieux Russes, ennemis de toute ingérence de l'Occident, voulaient qu'au point de vue de l'économie politique principalement, on refusât aux idées occidentales tout accès dans l'empire. Le comte Cancrin soutint cette politique, et l'on a vu quelles en furent les conséquences. Alexandre II, moins exclusif, plus libéral, c'est-à-dire plus éclairé sur les nécessités du siècle, comprit que la Russie ne pouvait pas rester immobile, quand le monde marche. L'issue de la guerre de Crimée lui avait démontré que la défaite des Russes devait être attribuée tout d'abord aux conditions mauvaises de leurs voies de communications, aux difficultés des transports, au manque de chemins de fer, au manque d'essor de la vie nationale. Il fut le promoteur des doctrines nouvelles. Leur mise en pratique, les effets qu'elles ont produits ont répondu éloquemment à ceux qui les combattaient.

Les grands empires ont une mission dans l'orientation des destinées du monde. Comme les fleuves puissants qui constituent des agents de fécondité, ils sont appelés à travailler de toute la force de leur influence, vaste et grandissante, à la réalisation de l'idéal humain. C'est bien là leur rôle et, dans les desseins providentiels, il semble qu'ils n'en aient point d'autre. Quand ils se dérobent à leur devoir, ils préparent leur décadence, leur chute et leur disparition : témoin Babylone, Ninive, la Perse, Rome. Quand ils oublient leur tâche, les événements se chargent de la leur rappeler, et il arrive alors que l'édifice, si solide que paraissent ses assises et sa construction, craque et menace ruine. La Russie a connu ces périls; mais ses trois derniers tsars se sont ressaisis : l'œuvre d'Alexandre II a été continuée avec énergie par Alexandre III, et le jeune souverain qui tient aujourd'hui le sceptre a prouvé déjà que l'avenir trouvera en lui une intelligence haute et réfléchie, sachant faire prévaloir une volonté ferme, inspirée par des projets élevés.

Charles SIMOND.

(1) Cette immigration de capitaux européens est du reste amplement justifiée par la loyauté et l'exactitude avec lesquelles les intérêts ont toujours été payés scrupuleusement aux détenteurs des valeurs russes. Voir le remarquable ouvrage publié l'année dernière sous les auspices et par ordre du ministère des Finances russe : Le *Capital étranger, son influence sur le développement économique de la Russie*, par Brandt (1898) ainsi que les travaux de l'économiste russe, bien connu, Yanschul. Voir aussi l'étude importante du professeur OSEROFF dans *Forum* (avril 1899).

GLAVNY DOM, BATIMENT PRINCIPAL DE LA FOIRE.

NIJNI-NOVGOROD

I

Nijni-Novgorod (*la Nouvelle-Ville d'en bas*), qu'il faut bien se garder de confondre avec Novgorod-la-Grande, est un chef-lieu de gouvernement situé au confluent du Volga et de l'Oka. La ville compte une population de 72,000 habitants, qui s'élève à 250,000 pendant la foire annuelle. Fondée en 1221 par le grand duc de Sousdal, Jouri Vsévolodovitch, qui périt dans une bataille livrée par lui aux Tatares, elle fut pendant longtemps le poste d'avant-garde de la Russie du côté de l'Orient, et aussi le centre du mouvement de colonisation de la race slave. Ceux qui s'y établirent sous la protection de l'armée russe se trouvèrent entourés de peuplades ennemies, Bulgares et Mordvines, avec lesquelles les guerres étaient incessantes et meurtrières. Après la mort de son fondateur, Nijni-Novgorod, devenue une simple bourgade, passa peu à près sous la domination des frères de Jouri Vsévolodovitch. En 1350 le grand duc Constantin Vasiliévitch de Vladimir Sousdal, voulant répondre aux tentatives que faisait Moscou de s'emparer de la province de Vladimir, essaya de créer un État assez fort pour contrebalancer la puissance moscovite. Nijni-Novgorod en fut le siège et grâce à une politique de colonisation poursuivie avec loyauté et fermeté, la nouvelle principauté put bientôt rivaliser avec Moscou.

Cette prospérité dura jusqu'en 1377. André Constantinovitch, successeur du grand duc Constantin, continua son œuvre avec succès; mais quand son frère Dimitri Constantinovitch prit le pouvoir, Nijni-Novgorod entra dans l'ère des calamités. Les richesses de ses marchands attirèrent les pillards tatars, et la Horde, sous prétexte de venger l'assassinat d'un de ses envoyés, vint attaquer la ville avec l'intention de s'en emparer et de se diriger ensuite sur Moscou.

Dimitri Constantinovitch demanda des secours aux Moscovites. Avec ce contingent il marcha contre le chef ennemi Arapscha, mais il fut surpris et écrasé le 12 août 1377. Les Tatars livrèrent Nijni-Novgorod au pillage. Les habitants se réfugièrent de l'autre côté du Volga et la ville, abandonnée par ses princes mêmes, fut ravagée. Dimitri Constantinovitch laissa en mourant le trône à son frère Boris qui fut le dernier grand-duc de Nijni-Novgorod; mais celui-ci ne porta sa couronne que nominalement, car les Tatars, maîtres de la ville et de la principauté, les vendirent avec tous les droits qui s'y rattachaient au grand duc de Moscou, Vassili Dimitrievitch, dont le représentant s'y installa.

Au commencement du seizième siècle Nijni-Novgorod n'avait plus aucune importance politique, mais les Moscovites y établirent la base de leurs opérations militaires contre les Tatars de Kazan, qui avaient relevé les murs de cette dernière ville pour en faire la capitale d'un puissant Tsarat. La lutte entre les deux cités dura plusieurs années, et se termina par la soumission des Khans tatars qui, avant leur défaite, assiégèrent plusieurs fois Nijni-Novgorod. Aussi celle-ci eût elle succombé si elle n'avait pas eu pour se défendre un certain nombre de canons pris en Lithuanie, et qui, inconnus des Tatars, firent parmi eux de grands ravages.

Jean Vassiliévitch le Terrible, qui prit Kazan le 2 Octobre 1552 et mit fin au pouvoir des Khans tatars, revint à Moscou par Nijni-Novgorod où le clergé et les boyards le reçurent aux sons des cloches, en se prosternant devant le vainqueur. Le tsar moscovite récompensa cette fidélité en laissant tomber la ville dans une complète décadence. Il ne fut question d'elle que dans les premières années du dix-septième siècle. Quand les partisans du second faux Dimitri, avec l'aide des Mordvines, Tchérémisses et Tatars, espérèrent faire triompher la cause de l'usupateur, Nijni-Novgorod refusa de pactiser avec eux. La rébellion gagna tant de terrain que les Polonais qui la secondaient, occupèrent Moscou dans l'espoir de voir élever au trône russe leur roi Ladislas.

Un boucher de Nijni-Novgorod, le staroste Kouzma Minine Soukhorouk, appela les habitants aux armes. Son éloquence convainquit les marchands. Les uns donnèrent leur argent, les autres s'enrôlèrent dans la milice organisée par le prince Pojarsky. Cet élan fut imité par les villes voisines. La milice se trouva dans ces conditions assez forte pour marcher contre les Polonais et les rebelles. Grâce à Minine, Moscou fut délivré et Michel Féodorovitch élu tsar. Le boucher tribun et soldat reçut pour récompense de ses

LE TOMBEAU DE MININE.

exploits le domaine de Bogorodskoïe avec le titre de *domny dvorianine* (seigneur chef de race). Les Romanoff n'oublièrent pas le service que leur avait rendu Nijni-Novgorod : ils l'unirent étroitement à la grandeur du pays et, de son côté, elle fut leur principal auxiliaire dans la répression des révoltes. Lorsque Pierre le Grand distribua la Russie en gouvernements, la province de Nijni fut, en 1708, placée sous l'autorité des gouverneurs de Kazan, mais en 1719 cette mesure fut abrogée; Nijni-Novgorod devint le chef-lieu d'un gouvernement distinct et l'est resté depuis lors.

Pendant la campagne de 1812, la population de la ville renouvela l'héroïsme de Minine. Elle leva treize *droujnias* (compagnies) pour la défense de la patrie contre Napoléon Ier; en même temps elle ouvrit ses portes à tous les Russes qui avaient dû fuir Moscou. Le grand historien Karamzine était parmi les réfugiés. « Les Russes de 1812 furent aussi vaillants que ceux de 1612 » a-t-il écrit. Cette bravoure ne se démentit pas pendant la guerre de Crimée, et la milice de Nijni-Novgorod fut souvent citée parmi les plus intrépides défenseurs de Sébastopol.

Deux événements dont les chroniqueurs de Nijni-Novgorod ne font mention qu'en des termes vagues se passèrent dans cette ville sous le règne du premier tsar de la maison des Romanov. En 1636, des charpentiers russes y établirent un chantier de construction de navires d'où sortit le premier bâtiment construit en Russie.

En 1641, s'ouvrit, près du couvent de Saint-Macaire, aux environs de la ville, une foire où les acheteurs asiatiques se présentèrent, en assez grand nombre. Ces deux faits devaient être l'un et l'autre le point de départ de la prospérité de Nijni-Novgorod.

Ses chantiers ont pris une extension énorme, son marché forain est le plus considérable du monde.

II

La ville de Nijni-Novgorod est bâtie en partie sur le versant de la montagne, qui rappelle les hauteurs de Kiew : c'est le Bazar supérieur; l'autre partie longe l'Oka et le Volga, c'est le Bazar inférieur. Elle se complète par des faubourgs : Blagovetschensky, prolongement du bazar inférieur en remontant la rive de l'Oka, Fabritchnaïa, prolongement du même bazar en descendant la rive du Volga; Petcherskaïa, près du couvent de ce nom; et Soldatsky. Puis, sur la rive gauche de l'Oka le faubourg de Kounavino, où est la gare du chemin de fer, et qui confine à la foire, s'étendant jusque là; ensuite le faubourg de Katyzy et le village de Gordeivka qui ont servi d'emplacement à la grande Exposition de 1893.

Il y a peu de villes qui soient aussi pittoresques et curieuses que Nijni-Novgorod; il n'y n'en a point qui soient aussi universellement connues non seulement de tous les sujets du tsar blanc en Europe et en Asie, mais de tous les marchands de l'univers.

Lorsqu'on descend du train sur la rive gauche de l'Oka, un tramway électrique attend les arrivants; mais aucun voyageur, surtout s'il est étranger à la ville, n'y monte sans s'arrêter d'abord un instant sur le *Nouveau pont* pour jouir du merveilleux tableau qui s'étale devant lui. Le panorama est en effet magique. Le regard se fixe avec admiration sur les monts de Diatlow dont le flanc est occupé par le couvent de Blagovetschensky; à gauche, se profilent les monts Tschasovoï couronnés par le Kreml, dont les murs crenelés datent du XIV° siècle.

Ces murs sont flanqués de onze tours. Ils se dressent sur le plateau d'une haute colline baignée à ses pieds par l'Oka et le Volga, mariant leurs eaux; un boulevard planté d'arbres contourne cette muraille. Les sanctuaires du vieux Kreml, antiques églises vénérées, font entendre leurs cloches; au-dessous de la forteresse, l'Oka, peuplée d'une forêt de mâts, déroule son ruban irisé qui va rejoindre l'autre fleuve. Le pont mène à la place Blagovestchenskaïa d'oû part vers le Quartier d'en bas (Nijni Pesad) ou bazar inférieur, la principale rue commerciale de la ville.

A gauche de la Blagovenstcheskaïa est le *Naberejnaïa-Oki* (quai de l'Oki) d'où l'on peut voir la rive ou se tient la foire. Pas loin de là, commence, à proximité de la place Sofronowskaïa, en face de laquelle s'élève la nouvelle Bourse, l'autre grand quai de la ville, celui du Volga, tout bordé de boutiques et de magasins. Sur la berge, les bateaux à vapeur accostent ou font escale.

Diveres rues débouchent sur ce quai; en premier lieu celle qui porte le nom d'Ivanovskaïa, et qui conduit jusqu'à la muraille du Kremlin, au point terminus du chemin de fer électrique. En suivant cette rue, on rencontre l'église de la Naissance de Saint-Jean-Baptiste dont la construction remonte au XV° siècle et à l'intérieur de laquelle est une chapelle élevée à la mémoire d'Alexandre II; plus loin, on visite dans l'église du Saint-Sauveur la source miraculeuse; plus loin encore sont les Casernes rouges, dont le nom indique la couleur particulièrement chère aux Russes.

Ce chemin, si l'on pousse au delà, mène à la montée de Kazan. A mesure qu'on la gravit, la vue s'étend au delà du Volga, et l'horizon offre une perspective qui, d'une certaine hauteur, est absolument splendide.

Nous voici au dehors de la ville, ayant devant nous le couvent de Petchersky. Il produit, de l'aveu de tous les touristes, une impression de paix et de bonheur. Son fondateur, Saint-Denis, qui fut moined e la laure de Petchersky à Kiew et, plus tard, métropolite de Russie, le plaça en 1329 sous l'invocation de l'Ascension de Jésus-Christ. C'était un ascète, et trouvant que Kiew était pour lui trop mondain, il avait cherché une solitude, où rien ne vînt troubler son recueillement et sa prière. Ses pas le conduisirent sur les bords du Volga, à l'endroit où le grand duc Jouri Vsévolodovitch avait construit une cathédrale de bois consacrée à l'Archange Michel. La population de cette ville était encore en grande partie idolâtre. Le moine, sentant se réveiller son zèle apostolique, résolut de ne pas aller plus loin. Il creusa la terre de ses mains et habita ce caveau. D'autres religieux de son ordre, qui avaient suivi ses traces, imitèrent son exemple, et, peu à peu, le couvent de Petchersky, ainsi

LA MOSQUÉE.

appelé en souvenir de celui de Kiew, fut achevé; les ascètes y bâtirent une église. En 1597, un éboulement de la montagne détruisit cet asile, mais l'année d'après, on le reconstruisit à quelque distance de là: c'est le couvent actuel. Son importance s'accrut de sa renommée historique. Les archimandrites furent, comme Minine, des auxiliaires des tsars de Moscou. Non seulement ils contribuèrent aux levées de milice, mais ils fournirent au trésor de l'argent, soit en vidant leurs caisses, soit en fondant leurs cloches.

Pendant les époques de disette, à travers les siècles et même en ces dernières années de famine, ils secoururent les indigents.

Le couvent est vaste, ses bâtiments sont nombreux. Le plus remarquable, construit par l'architecte de Michel Féodorovitch, sur

LA RUE NIJÉGORODSKY.

le plan de l'église de l'Ascension de Moscou, est la cathédrale, qui fut achevée en 1631. On cite avec raison ce monument comme un des plus beaux spécimens des débuts de l'architecture russe après la domination tatare. On sait que cette architecture offre un caractère très marqué : c'est l'éclectisme du style byzantin, la nef byzantine carrée, sous une voûte soutenue par quatre piliers, et, autour de l'église, des portiques réunis entre eux par des passages voûtés, comme ceux de Saint-Marc de Venise. Le clocher rappelle les campaniles italiens du XIIIe siècle, et les doubles fenêtres sont romanes. En outre de la cathédrale, on visite les petites églises du couvent où l'on vénère la Vierge miraculeuse de Petchersky et les images de St-Antoine et de Saint-Théodore. La sacristie possède des trésors : un évangéliaire du XVIIe siècle, des croix, des calices, des objets ayant, selon la tradition, appartenu à Saint-Denis. Les manuscrits de la bibliothèque ont une grande valeur par leur ancienneté et par la beauté de leurs enluminures.

III

On a les yeux encore pleins de cette vision du couvent, lorsqu'on arrive au Quai du Haut Volga, qui est le lieu de promenade favori de Nijni-Novgorod. Comme il n'y a de maisons que d'un côté, la vue se porte au loin en franchissant le Volga et en s'arrêtant sur les îles du fleuve séparées par de petits lacs. A l'horizon s'étend la plaine de Semenofsky, la tchistcha, occupée par de petits industriels qui fabriquent pendant la plus grande partie de l'année des objets en bois : cuillers, écuelles, tasses, plats, etc... pour les vendre en juillet ou en septembre à la foire de Nijni-Novgorod d'où on les porte dans toute la Russie.

De beaux édifices bordent le Quai du Haut Volga. Parmi tous, se distingue la *Géorgievskaïa*, l'église de Saint-Georges, construite en 1702 et réputée dans tout l'empire comme un chef d'œuvre du style Pierre-le-Grand. Ce style, qui n'a pas de correspondant en dehors de la Russie et surtout en Occident, est un heureux assemblage de l'art classique et des ornements modernes. La construction est originale. Elle comprend plusieurs octoèdres superposés mais dimimuant de volume d'étage en étage; le dernier est surmonté d'une sorte de lanterne de Diogène sur laquelle s'appuie le bulbe de la coupole servant d'appui à la croix.

De l'église de Saint-Georges au Kremlin la distance est franchie en quelques minutes. Les Kremlins ou « Kreml » russes sont, comme on ne l'ignore point, des forteresses renfermant dans leurs enceintes plusieurs constructions. Ici nous en comptons jusqu'à 23.

Ce Kremlin, à qui la ville a dû son salut, — car l'ennemi n'a jamais pu y pénétrer — n'a subi que les injures du temps. Restauré à différentes époques, et principalement à la fin du dix-huitème siècle, il fut en partie démoli; aussi de ses 13 tours, n'en reste-t-il plus que 11, avec une partie de remparts dont les créneaux ont disparu en plusieurs points.

C'est par la tour Dmitrovskaïa que l'on entre dans le Kremlin. Après avoir franchi la grande porte, qui n'existe que depuis 1840 et se trouve entre les tours St-Georges et Porokhovaïa, on voit se dresser devant soi la cathédrale de la Transfiguration derrière laquelle est le palais impérial.

La cathédrale (*Spasso-Préobrajensky*, Transfiguration du Sauveur) est bâtie sur l'emplacement où le grand duc Jouri Vsévolodovitch construisit son église en bois, mais elle a été rebâtie plusieurs fois. La construction actuelle a été élevée par l'empereur Nicolas Ier. C'est sans contredit un des plus beaux édifices de Nijni-Novgorod et, suivant quelques critiques d'art, le plus beau. Le style en est byzantin. Des fresques décorent le parvis. L'intérieur a trois divisions séparées par une double rangée de colonnes, chacune de ces divisions ayant un autel distinct. Ce qui fait la magnificence de ce temple c'est l'incomparable richesse de ses peintures. L'icone, ou image de la Sainte-Vierge, est très ancienne. On croit qu'elle fut donnée à l'église par Saint-Denis qui la fit copier d'après la fameuse vierge Odiguitria de Constantinople.

Après la cathédrale, le monument qui attire le plus de visiteurs dans le Kremlin est celui que le Tsar a fait ériger en 1878, à Minine. Alexandre III, lorsqu'il était césarevitch, était venu à Nijni-Novgorod, en 1869, visiter le tombeau du libérateur de la patrie. Il exprima le regret que la mémoire d'un homme aussi grand ne fût pas honorée comme elle devait l'être. Les restes du célèbre sauveur de Moscou reposaient en effet dans la chapelle modeste que lui avaient élevée, en 1757, les marchands de cette dernière ville. L'héritier des Tsars voulut qne cette mémoire si chère fût l'objet d'un véritable culte. Sous ses auspices, l'architecte Dahl réalisa cette pensée. Le monument est d'une composition saisissante; une lampe qu'on ne laisse jamais s'éteindre brûle devant la percée faite dans la crypte, et la bannière du prince Pojarsky est suspendue dans le fond, entourée des bannières d'église qui furent portéss sur la place où Minine harangua le peuple. Les cendres du héros sont déposées dans le caveau de l'église, et ce caveau, taillé dans un bloc de marbre gris, porte une inscription qui exalte les vertus patriotiques du *Doumny Dvorianine*. Le sens de cette inscription répond assez exactement à la traduction suivante :

Sauveur de Moscou, il aima sa patrie
Et rendit la vie à la Russie mourante.
Il fut l'ornement de son pays et le sauveur des Polonais,
La gloire et l'honneur impérissable de la nation Russe.
Le corps de Cosma Minine repose sous cette pierre.
Tout vrai Russe doit vénérer sa cendre.

A l'entrée de ce caveau et sur les murs sont attachés des rouleaux de parchemin, racontant et figurant les divers épisodes de 1612. L'autel du milieu est consacré à Notre-Dame de Kazan, celui de droite à Saint-Dimitri en mémoire de Dimitri Pojarsky et celui de gauche à Saint-Cosme et Saint-Damien, patrons de Minine.

Le caveau renferme également les tombeaux de plusieurs grands ducs et grandes duchesses de Nijni-Novgorod ainsi que ceux des archevêques de la ville. Le trésor de la cathédrale de la Transfiguration abonde en objets anciens et précieux.

La Cathédrale de Saint-Michel-Archange, qui est à côté de Spasso-Preobrajensky, remonte, comme nous l'avons déjà dit, à la fondation même de Nijni-Novgorod, mais elle a été modifiée au cours des siècles, surtout l'extérieur. Au contraire, l'intérieur témoigne de la simplicité primitive. La crypte de l'église conserve les restes du dernier grand duc de la principauté.

Entre ces deux cathédrales est l'église de l'Assomption, qui n'a été bâtie qu'en 1827. L'année précédente, la ville avait érigé dans le jardin, devant la place du Kremlin, un obélisque en granit avec deux bas-reliefs en bronze représentant l'un le prince Pojarsky, l'autre Minine. Le nom de ce dernier a été donné au jardin même. On a d'ici la vue grandiose du confluent du Volga et de l'Oka.

III

La foire de Nijni-Novgorod s'ouvre le 15 juillet. C'est une solennité à laquelle préside l'archevêque. Des prières et des processions inaugurent les ventes et achats. Les affaires ne peuvent commencer que lorsque les pavillons qui surmonteront les boutiques ont été aspergés d'eau bénite. Du 15 juillet au 25 il y a peu de transactions, car les Asiatiques ne sont pas arrivés. Ce sont les Sibériens qui se présentent les premiers et ils s'empressent de conclure leurs opérations. Viennent ensuite les Caucasiens, les Persans, les marchands du Volga. La foire bat son plein du 25 juillet au 5 août, et pendant ces dix ou douze jours on ne traite qu'en gros, laissant la vente en détail ou en demi-gros aux arrivants de la dernière heure, c'est à dire à ceux qui retardent leur venue jusqu'après la fête de l'Assomption.

La foire ne connaît point de chômage. Ouverte à six heures du matin, elle ne ferme qu'à la nuit, mais les affaires reprennent le lendemain et ne s'arrêtent ni le dimanche ni les jours de fête. La manière de traiter entre vendeurs et acheteurs est en général la même pour tous. Le client se rend chez le marchand, qui lui offre du thé. Tout en buvant, on débat les prix comme en une causerie, l'écart entre l'offre et la demande étant d'abord assez grand et les deux ne se rapprochant souvent qu'après beaucoup d'objections. Ce ne sont d'ailleurs que les premières négociations qui traînent en longueur, quand les conditions et la valeur réelle des marchandises ne sont pas encore bien déterminées.

La durée de la foire était autrefois de quarante jours et elle présentait une physionomie toute différente de celle qui la caractérise maintenant. Ce changement provient des améliorations de l'installation. Primitivement ce n'était qu'un ensemble de bivouacs.

BOUTIQUE DE CLOCHES.

La plupart des visiteurs, marchands et acheteurs, campaient; beaucoup sous la tente, quelques uns dans les maisons où ils occupaient les étages supérieurs. Les autorités, pour éviter les incendies, qui étaient fréquents au milieu d'une sembable agglomération, devaient prendre es mesures de vigilance les plus rigouseuses. Personne n'avait le droit de faire du feu chez soi; on n'en tolérait que dans les cuisines, qui étaient séparées des habitations. On ne pouvait se servir pour s'éclairer que de bougies, mais toutes les lumières devaient s'éteindre à neuf heures, au son du tambour, et des patrouilles faisaient la ronde pour constater les contraventions, qui étaient punies très sévèrement. Il n'en va plus de même maintenant : aux bougies on a substitué l'électricité; les cuisines publiques sont remplacées par des restaurants où l'on trouve le même luxe qu'à Moscou. D'ailleurs beaucoup de marchands vivent chez eux, en famille, car ils amènent leurs femmes et leurs enfants. Les restaurants, qui sont toujours combles, attirent la clientèle non seulement par la variété et l'excellence des menus, mais aussi par les concerts et représentations de chanteurs russes, petits-russiens, hongrois et même de danseurs et de conteurs, nous dirions de conférenciers.

Le 25 août, la clôture de la foire est annoncée par une solennité analogue à celle de l'ouverture; les pavillons sont descendus en présence des autorités qui décrètent « le jour du tribunal » ou l'obligation pour chacun de régler, par lettres de change signées à la foire, toutes les affaires réalisées. Ces règlements se poursuivent jusqu'au 10 septembre. Alors les administrations et les boutiques ferment irrévocablement. L'animation cesse dans la ville, les retardataires s'en vont et la population retombe à son chiffre normal.

IV

La foire s'étend jusqu'au faubourg de Kounavino et l'envahit même. Là se trouve la gare et à proximité de celle-ci sont établies les agences de transport; puis, plus loin, les dépôts de cuirs. Une large rue fait le prolongement de la chaussée de Moscou et porte le nom de Moskovsky (rue de Moscou). Les bâtiments que l'on y aperçoit sont importants. Voici le poste des pompiers, la chapelle de l'Exaltation de la Croix, la maison des droguistes qui font, pendant la foire, pour plus de 3 millions de roubles de ventes et expédient en Asie les marchandises qu'ils reçoivent de Saint-Pétersbourg et des divers centres producteurs de la Russie. Les bureaux de l'administration de la foire sont contigus aux *réfectoires publics*, — c'est le nom des restaurants où les tables s'alignent en attendant les consommateurs. Ceux qui ne peuvent pas se payer un repas cher descendent vers le pont et arrivent par ce chemin jusqu'aux « Peski » ou « bancs de sable » où ils trouvent des constructions en bois, démontables, qui sont occupées par des restaurateurs populaires et traiteurs ayant la spécialité des pâtés et des beignets de Sibérie.

C'est aux Peski que se groupent, en de petites maisons, les dépôts de fer de l'Oural. Il est amené à Nijni par les affluents du Volga et de la Kama, et l'on en vend régulièrement en foire pour

CARAVANE DE BATIMENTS CHARGÉS DE FER.

25 millions de roubles, quoique le commerce du fer n'ait plus ici son principal centre, car les usines de l'Oural ont également des entrepôts à Moscou, à Saint-Pétersbourg et à Saratow. Les boutiques contiennent le fer sous toutes les formes ouvrées : fer laminé, fer assorti, fonte, fil de fer, objets en fer. Le transport a lieu par caravanes de bateaux et de barques dont le chargement

varie de 15000 pouds à 120000. Ces caravanes forment une flotille et chacune d'elles a son pavillon ou se reconnaît aux couronnes, étoiles et autres signes qui ornent les mâts, très élevés, ainsi qu'à la couleur de la nacelle où s'assied le chef de la caravane pour faire l'inspection de ses bateaux. Cette nacelle, très pittoresque, est manœuvrée par des rameurs en blouse rouge. Les débardeurs qui déchargent le fer ou l'entassent dans les bateaux, constituent une corporation. Ce sont les « Yagoutski ». Le fer est travaillé pendant la foire même : on le forge à froid pour façonner divers ustensiles, seaux, poêles, couvercles, ou des tasses persanes qui sont très recherchées. La demande de ces objets, auxquels il faut ajouter les seaux en fer blanc, les clous, les chaînes, les fers à cheval, etc.., est considérable. Les Orientaux s'en approvisionnent en quantités. Aussi les ouvriers du fer font-ils fortune à la foire de Nijni-Novgorod. Le patron qui les emploie gagne jusqu'à 150000 francs en une seule saison.

Le Marché au poisson n'est pas moins curieux à visiter. Là aussi, les arrivages et les expéditions se font par caravanes de bateaux. Le poisson vient d'Astrakhan, qui est le grand réservoir des pêcheurs du Volga et des affluents de la mer Caspienne. On ne vend à la foire de Nijni-Novgorod que du poisson préparé et séché qui se met en bottes, celles-ci pesant jusqu'à 600 pouds et couvertes d'écorces, de telle sorte qu'il n'y a que les têtes de visibles. Il n'y a guère d'affaires qu'en poissons rouges (esturgeon, sterlet etc...).

La continuation de la rue Moskovsky s'appelle rue Alexandronevsky, où se vendent les tapis de Sibérie, qui valent de 10 francs à 150 francs la pièce, les coffres et les cassettes dont plusieurs atteignent jusqu'au prix de trois cents francs. On en expédie pour environ 300,000 roubles. L'imagerie religieuse fabriquée dans les villages de Viasnikovsky, Palekhi, Kholouï, Mstera, et aux environs de Moscou, est aussi de bonne défaite. Aux images se joignent les châsses. Le commerce de la librairie, livres religieux, almanachs, livres populaires, livres anciens, ne produit qu'un demi-million de francs pendant la foire.

La rue Alexandronevsky mène à la rue Nijégorodsky, la plus animée de la foire, parce qu'elle renferme la Bourse où se réunissent les armateurs, comme à Londres, au Lloyds. L'atmosphère de la salle, calme ou houleuse, peint exactement les fluctuations des affaires. Il y a des heures de profond silence auxquelles succèdent des brouhahas tumultueux. Au milieu des armateurs circulent les minotiers, dont plusieurs sont des millionnaires. La salle de la Bourse, lorsqu'elle est déserte, ne révèle point les passions qui s'y agiteront quand les courtiers y arriveront à midi ou à 8 heures du soir; mais les environs de la Bourse trahissent le mouvement qui y a lieu ou va s'y passer. Courtiers et spéculateurs se pressent dans « l'hôtel de la Bourse » dont les habitués ont leurs tables et leurs places arrêtées d'avance.

Sur le pont de bateaux, qui est près de la Bourse, se déverse toute cette affluence. Beaucoup de passants — il y a des badauds dans tous les pays — y font halte pour jouir du spectacle des bâtiments flottants ou amarrés qui forment les caravanes. En aval du pont est le débarcadère de St-Pétersbourg, et dans la rue de même nom, le marché des outils et ustensiles en acier, puis le marché des verreries et porcelaines. Ici le bruit est incessant, car les boutiquiers ont à répondre à cent questions à la fois. La vaisselle en verre, faïence, porcelaine est fournie par Moscou, Vladimir, Orel, Riga, et, comme la plupart des articles russes, elle se fabrique, en grande partie dans les villages. Ces articles sont très variés, surtout ceux que l'on expédie en Asie, chacun ayant ses préférences. Les transactions sur ce marché représentent, en certaines années de foire, des sommes fabuleuses.

Nous voici arrivés à la place où s'élève la cathédrale de Saint-Alexandre Nevsky, construite sur l'ordre d'Alexandre II et inaugurée en 1881 par Alexandre III. Tout près de là s'alignent les boutiques où se vendent les cuillers en bois façonnées par les villageois de Sémenovsky. Ces cuillers et d'autres objets en bois s'expédient dans le monde entier, non seulement en Asie, mais dans l'occident de l'Europe et jusqu'à Paris et à Londres.

Un marché encore plus intéressant est celui des cloches (Kolokolny riad). Elles sont suspendues à des madriers et les marchands, qui en vantent les qualités de métal et de son, font un tintamarre affreux dont aucun charivari ne saurait donner une idée. Ces cloches sont fournies en assez grand nombre par les usines du gouvernement de Viatka. Le « Kolokolny riad » a pour voisines des boutiques d'hameçons et d'engins de pêche, ainsi que des échoppes où l'on vend du fil à coudre, des perles, des bagues, des boucles d'oreilles, des peignes et autres menus articles de colportage très désirés par les jeunes paysannes.

La rue Nijégorodsky est également celle des marchands de tabac et de denrées coloniales, dont le commerce est relativement peu important, les commis voyageurs ayant remplacé pour ce genre d'affaires les marchands forains.

Mais ce qui rend cette rue très passante, c'est le Théâtre, entouré de hauts édifices, dont la plupart sont des hôtels ou des maisons particulières habitées par étage en garni. Les boutiques du rez-de-chaussée abritent les marchands d'antiquités, de bibelots. La rue Nijégorodsky renferme en outre le marché de la carrosserie. Les voitures de toutes formes, et principalement les *tarantass*, y sont alignées en interminables files. Ces voitures sont presque toutes expédiées à la foire de Nijni par les carrossiers de Kazan et de Moscou.

Dans les rues adjacentes, Pojarsky, Yaroslavsky, Koulibinsky, se tient le marché des peaux, cuirs et laines. Le commerce des peaux est un des principaux de la foire. On peut l'évaluer à 6 ou 7 millions de roubles. Les peaux viennent de Kazan et de la Sibérie, de l'Asie centrale, du Caucase.

Il arrive à Nijni jusqu'à 400,000 têtes de bétail. Les statistiques donnent les chiffres suivants de marchandises amassées dans les entrepôts de la foire : 100,000 pouds de peaux de chameau; 40000 pièces de peaux tannées de bouvillons; 750,000 pièces de peaux de moutons russes, 1 million de peaux de moutons asiatiques, 400000 pièces de peaux de veau; 200 000 pièces de peaux de cheval; 500 mille peaux de chèvre. Toutes ces peaux, vendues à la foire, sont expédiées dans les différentes provinces de Russie et à l'étranger. Presque tous les exportateurs sont des juifs de Leipzig qui viennent acheter en gros à Nijni et revendent chez eux également en gros.

*
* *

La rue Orenbourgsky s'ouvre dans la rue Nijégorodosky. En suivant ici le lac Metschersky on parvient au débarcadère de Sibérie, où règne également une animation inouïe. Des deux côtés de la voie des lignes ferrées; les trains se succèdent sans interruption; on n'entend que cornets de gardiens annonçant l'arrivée des convois, hennissement des chevaux, cris des débardeurs. On ne voit que montagnes de coton, pyramides de futailles de vin, entassements de cuirs, de sacs de laine, gigantesques ossas d'objets manufacturés supportés par des Pélions colossaux. Un va-et-vient d'enfer, une foule sans cesse grossissante. Les transactions en cuirs se chiffrent par millions de roubles, et de même celles en laine. On expédie d'ici à toute la terre, jusqu'au fond des steppes les plus lointaines de l'Asie, jusqu'aux limites les plus reculées des États-Unis.

Les entrepôts de thé se trouvent encore en plein champ, la foire proprement dite ne leur offrant pas assez d'espace. On vend à Nijni pour 20 millions de roubles de thé. Ces produits arrivent par voie de terre ou de mer. Les premiers s'appellent « thés » de cuir parce que les colis sont cousus dans des peaux avec le poil en dedans ; les seconds sont les « thés de roseaux » qui doivent leur nom à leur emballage. Presque tous ces thés viennent de Hankou, où se trouvent les fabriques qui les apprêtent.

V

Traversons rapidement le quartier des théâtres populaires, baraques, ménageries, panoramas, tirs à la cible, carrousels, manèges, étalages de sucreries, de jouets, d'indiennes, de vêtements, et hâtons encore le pas de peur d'être assourdis par les vociférations des marchands auxquels font écho les clameurs de la foule.

Passons devant la mosquée, devant le Caravansérai où les Persans vendent du riz, des raisins secs, des amandes, des pistaches, à côté des tapis que l'on paie de 15 à 300 roubles et même au delà ou des draps militaires, fabriqués à Simbirsk et en Pologne, quoiqu'ils soient offerts par des vendeurs venus de la Perse.

Entrons dans les magasins du Gostinny-Dvor, qui est le centre de la foire. Ce qui frappe l'attention dès les premiers pas que l'on fait c'est la disposition des bâtiments chinois, formant quatre corps de bâtiments sur deux par rangée.

Ces bâtiments, dont le principal est le Glavny Dom, sont séparés par une place, la Spasskaïa, au milieu de laquelle s'élève une cathédrale dite « de l'ancienne foire » et consacrée au Sauveur ainsi qu'au bois de la Sainte Croix. Au delà paraissent les longues rangées du Gostinny même. La suite des magasins et entrepôts semble infinie, et dans ces magasins les marchandises sont entassées en si grand nombre qu'on se demande comment il est possible que cette innombrable quantité de produits de toute nature puisse trouver acheteurs et vendeurs. Aucun article capable d'attirer la clientèle n'y fait défaut. Parmi les plus remarquables dont nous n'avons pas encore parlé, il faut mentionner les objets en or et en argent, puis les fourrures. Celles-ci arrivent de tous les points cardinaux: le nord fournit des pelleteries d'Arkhangel et de Vologda; c'est celles des gouvernements de Viatka, de Perme, de Sibérie, de Chine, du Thibet, de Boukhara, de Perse; l'ouest, celles des marchés de Leipzig et Londres; le sud, celles d'Odessa qui les tire du Canada. Les prix des fourrures dépendent surtout de la mode. Les fourrures teintes sont apportées par les juifs allemands; les fourrures apprêtées par les marchands de Moscou, de Kazan; quelques localités ont la spécialité de telle ou telle sorte; le village de Bolchoë Mourachckino, dans le district de Kniagninsk, est renommé pour ses fourrures de moutons, dont les fabriques occupent tout une rue; les gouvernements de Vladimir et d'Iaroslav excellent dans l'art de tanner les peaux de lièvres; le gouvernement de Viatka ne prépare que des peaux d'écureuils. Quant aux peaux de karakul elles sont presque toutes teintes à la foire même par les marchands orientaux.

La rue de Mourachkino ramène par une série de détours à la gare d'arrivée.

*
* *

Par l'aspect intérieur de la foire, Nijni-Vovgorod ressemble à l'ancienne Moscou, ou plutôt à la ville chinoise de cette capitale, le Kitaï-Gorod. Par son aspect extérieur elle ne saurait se confondre avec les bazars d'Orient : c'est une ville européenne à larges rues, éclairées maintenant par l'électricité, un immense marché où règne l'ordre et où, sous l'œil des autorités, rien n'est laissé à l'imprévu. La police est si sagement faite que nulle part il n'y a de tumulte. Les centaines de mille hommes réunis pendant ces quarante jours savent que toute cette activité est soumise à des règlements. Ils les connaissent et les observent, : chacun ne se préoccupe que de ce qui le conduit à Nijni-Novgorod, n'a en vue que les transactions des affaires, et ne perd pas un instant pour les conclure. Un poète russe a comparé Nijni-Novgorod, en cette saison, à une ruche où chaque abeille apporte son butin et fabrique son miel. C'est bien cela.

S. C. Iermoloff.

UN COIN DU QUARTIER ASIATIQUE.

www.ingramcontent.com/pod-product-compliance
Ingram Content Group UK Ltd.
Pitfield, Milton Keynes, MK11 3LW, UK
UKHW022159190726
13855UKWH00004B/1539

9 782013 076678